AF243056

DES MOYENS

D'ORGANISER LE TRAVAIL

IMMÉDIATEMENT

PAR LE CONCOURS

DES Travailleurs et du Gouvernement.

Par Alexandre **DUMOULIN**,

OUVRIER FONDEUR.

Prix : **10** c.

PARIS.

CHEZ DURAND, ÉDITEUR,

Rue Rambuteau, 32.

MARS 1848.

Nota. Persuadé que les principes sur les moyens d'organi-
ser le travail que nous exposons ici d'une manière fort rapide, ont besoin, pour être bien compris, d'être développés
d'une manière plus complète qu'il n'est possible de le faire
dans ces quelques pages, nous nous proposons, si cet écrit est
goûté, de donner aux questions qui sont à peine traitées dans
cette brochure, ainsi qu'à celles qui pourront en découler, tous
les développements que comporte ce grave sujet, par des pu-
blications successives. Nous prions donc nos lecteurs qui dési-
reraient faire quelques observations ou objections sur cet immense problème de l'organisation du travail, que nous es-
sayons d'étudier ici, de nous transmettre, chez notre éditeur,
par écrit, leurs observations ou objections sur ce sujet, nous
y répondrons dans les prochaines brochures qui seront publiées.

*Les notes écrites seront reçues chez M. Durand, éditeur, rue
de Rambuteau, 32. Toutes les notes qui ne porteraient point de
nom d'auteur avec indication de domicile, seront considérées
comme non avenues.*

ÉCRIRE FRANCO.

DES MOYENS

D'ORGANISER LE TRAVAIL

IMMÉDIATEMENT

PAR LE CONCOURS

DES TRAVAILLEURS ET DU GOUVERNEMENT.

Une nouvelle ère commence; chaque citoyen sent le besoin de prendre part à l'agitation que l'exercice d'une liberté réelle développe parmi nous. Les assemblées démocratiques s'ouvrent de toutes parts; les sentiments, les besoins long-temps comprimés y sont développés avec chaleur et conviction. Toutes les questions importantes et les plus élevées de l'ordre politique et social y sont débattues. Parmi celles-là il n'en est pas de plus grave pour tous que celle de l'organisation du travail.

Cette question de l'organisation du travail national et des travailleurs libres occupe tous les esprits, elle pèse de tout son poids sur la situation politique du moment, elle se pose pour ainsi dire l'égale de la question électorale. C'est qu'en effet, tous les esprits sérieux de toutes les classes de la société comprennent qu'il n'y a plus à éluder cette proposition, qu'aucun ajournement n'est possible, qu'elle domine la société tout entière, et que de sa solution en principe de droit politique et de son application immédiate dans la mesure du possible aujourd'hui dépend l'avenir de notre société régénérée.

Un grand nombre de citoyens doutent de la possibilité de la réalisation de ce projet; leur imagination leur crée des obstacles, que des passions intéressées cherchent à démontrer comme insurmontables. Les uns y voient la ruine de l'industrie et du principe de propriété; d'autres redoutent le déplacement forcé des positions acquises, et les perturbations qui en sont les suites.

Toutes ces craintes chimériques doivent disparaître en présence des mesures énergiques et rapides du nouveau gouvernement, pour rétablir la confiance dans les relations du commerce et de l'industrie privée, et surtout en présence de l'attitude calme, confiante et résignée des travailleurs qui, confiant dans les actes du gouvernement, attendent en silence que ces graves questions soient débattues et réglées.

En présence de ces faits, il est du devoir de tout citoyen qui désire s'éclairer, d'étudier sous quelle forme l'organisation du travail et des travailleurs libres est praticable dans l'état actuel du commerce et de l'industrie, et surtout dans l'état actuel des esprits.

Et d'abord, il nous semble difficile qu'aucune des magnifiques théories étudiées et développées dans ces dernières années, avec tant de talent et de conviction, par les socialistes modernes et leurs adeptes, puissent être aujourd'hui encore applicables dans l'état de notre éducation et de nos mœurs. Il faut, suivant nous, laisser aux esprits sous les rayons bienfaisants du soleil de liberté qui nous éclaire enfin, il faut, disons-nous, laisser aux esprits épurés le temps de méditer à présent, dans le recueillement de la réflexion ce qui, dans ces doctrines, peut être applicable à nos mœurs et à nos vertus républicaines. Nous attendrons donc leurs nouvelles formules.

Pour nous, simple ouvrier qui écrivons ces lignes, nous ne voulons point sortir de l'examen des projets immédiatement praticables dont nous comprenons l'urgente nécessité. Nous ne voulons traiter ici que la question d'organisation d'ateliers sociaux ou nationaux.

Et d'abord, entendons-nous bien sur la différence qui semble exister encore aujourd'hui entre la dénomination d'ateliers sociaux ou ateliers nationaux.

Les ateliers NATIONAUX sont ceux que le gouvernement vient d'ouvrir pour procurer du travail aux ouvriers inoccupés, mais dont les conditions entre les ouvriers et les entrepreneurs sont toujours les mêmes que par le passé. Ces ateliers nationaux sont créés pour l'exécution des grands travaux de grosses maçonneries, routes et terrassements, etc.

Les ateliers SOCIAUX, au contraire, seront ceux que le gouvernement républicain encouragera et à la création desquels il concourera dans toutes les industries et dans tous les centres d'industrie du pays. Les conditions d'existence de ces ateliers sociaux ne sont point encore formulées, et c'est pour étudier quelques-unes des bases qui devront être adoptées, que nous publions cet écrit.

1° D'abord nous poserons en principe que, avec le temps, tous les travaux de toutes les industries du pays doivent être exécutés par associations de travailleurs, et que les fonctions de chacun doivent être rétribuées suivant les principes de la justice et de l'équité la plus parfaite, et suivant la valeur que chaque industrie permet d'attribuer à l'ouvrier comme main-d'œuvre.

2° Nous pensons que le capital, soit qu'il soit fourni par des capitalistes, par l'état ou par les travailleurs eux-mêmes, ne doit toujours être productif que d'intérêts, et ne doit jamais rien prélever sur les bénéfices.

3° Que les directeurs des ateliers sociaux, quelle que puisse être l'importance des établissements qu'ils sont appelés à diriger, ne doivent jamais recevoir de traitement plus élevé que la valeur du travail que peut fournir par jour l'ouvrier le plus capable de l'industrie qu'ils représentent.

Ces trois points admis sans conteste, il nous reste à examiner les questions suivantes :

Quelle doit être l'action du gouvernement auprès des associations de travailleurs?

1° *Doit-il fournir toute la commandite ?*

2° *Cette commandite doit-elle être perpétuelle ?*

3° *Pour quelles causes la commandite pourra-t-elle être suspendue ?*

4° *La surveillance du gouvernement continuera-t-elle de s'exercer après le retrait de la garantie ?*

5° *Les comptoirs nationaux d'escomptes, constitués par décret du 7 mars 1848, sont-ils aptes à faire le service de banques pour les opérations des ateliers sociaux ?*

II.

Posera-t-on en principe que le travailleur sera élevé à la position d'associé commanditaire par ses propres épargnes ?

1° *Quelle sera la valeur des retenues à exercer sur la main-d'œuvre, pour atteindre ce but ?*

2° *Fixera-t-on pour tous un chiffre égal de la mise sociale, qui ne pourra être franchi par aucun travailleur ?*

III.

Des salaires et des bénéfices.

1° *Le travail doit-il être exécuté à la tâche ou à la journée ?*

2° *Doit-on fixer un minimum de salaire, et ce minimum doit-il être fixé par l'autorité publique des localités ou par la puissance législative ?*

3° *Les bénéfices seront-ils répartis par sommes égales entre tous les travailleurs, ou bien, pour être plus équitable, seront-ils répartis proportionnellement au temps de travail employé par chaque ouvrier, quelle que soit la somme de travail qu'il ait fourni, soit à la journée, soit à la tâche ?*

4º *Lorsque la commandite des travailleurs sera fournie, chacun d'eux touchera-t-il intégralement, chaque année, le dividende des bénéfices, ou sera-t-il exercé une réserve sur ces mêmes bénéfices; quelle sera l'emploi de cette réserve?*

IV.

Les industries connexes doivent-elles être exécutées séparément d'intérêt ou en commun?

V.

La vente des produits sera-t-elle effectuée par des mandataires spéciaux faisant partie de l'association de l'industrie qu'ils représentent, ou la vente sera-t-elle effectuée par ces mêmes mandataires concurremment avec le commerce actuel?

VI.

Quelles sont les mesures à prendre pour encourager les chefs actuels d'industrie à associer leurs intérêts avec ceux des travailleurs occupés dans leurs fabriques?

1º *Adoptera-t-on les principes qui seront adoptés par la loi sur la rémunération du capital et des directeurs d'ateliers sociaux?*

2º *Ou bien laissera-t-on les chefs actuels d'industrie libres de régler isolément, avec les ouvriers de leurs fabriques, les conditions d'association?*

VII.

Y a-t-il lieu à déterminer des conditions nouvelles pour l'instruction professionnelle des jeunes élèves ou apprentis des divers métiers et industries? Quelles devront être les bases de ces conditions? Devra-t-on, par l'apprentissage, les conduire à l'état d'associés.

I.

Quelle doit être l'action du gouvernement auprès des associations des travailleurs?

1º *Le gouvernement doit-il fournir toute la commandite?*

Les ateliers sociaux ne devant être montés que successivement dans les grands centres d'industrie, il importe au principe de l'organisation du travail que le gouvernement fournisse, au début, toute la commandite, afin d'échapper à l'influence intéressée et tracassière de tous capitaux étrangers et parasites.

L'application des principes régénérateurs sur la juste rémunération du travail, sur la répartition des bénéfices, sur le principe d'égalité pour le traitement des directeurs, sur les fonctions et la rétribution du négociant chargé de la vente ou transmission des produits, ne peut être réglée avec équité et justice que par une puissance tout à fait étrangère à toute pensée d'intérêt privé.

2° *La commandite du gouvernement doit-elle être perpétuelle ?*

Non ; au fur et mesure que, d'après les règles présentées plus bas, les travailleurs s'élèveront à la position de commanditaires, le gouvernement retirera une somme égale à la commandite nouvellement fournie par ces mêmes travailleurs, et appliquera ces capitaux devenus libres à d'autres ateliers sociaux ; de sorte que les sommes votées annuellement par les assemblées législatives de la république pour l'émancipation du peuple par son propre travail, se trouveront grossies de la valeur des bénéfices réalisés chaque année par les ateliers sociaux, et permettront au gouvernement d'appliquer sa commandite primitive, accrue des sommes votées chaque année pour cet objet par les assemblées nationales, à un plus grand nombre d'industries et de localités.

3° *Pour quelle cause la commandite du gouvernement peut-elle être suspendue ?*

Il demeure établi, en principe économique, que, pour qu'une opération industrielle fonctionne, elle doit produire des excédants ou bénéfices. Toute opération qui n'est pas productive de bénéfice est menacée de ruine ; ainsi, il pourrait arriver que le gouvernement, lors de la création d'ateliers sociaux, pour certains genres d'industrie, ait été induit en erreur dans l'appréciation des prix de revient ou des prix de vente, ou bien que, par suite de la concurrence étrangère ou pour toutes autres causes, les prix de vente ne puissent être maintenus assez élevés ; dans le premier cas, il devra provoquer la liquidation ; et, dans le second, suspendre la fabrication en prenant des mesures pour diriger et utiliser les travailleurs sur d'autres points et dans d'autres industries.

4° *La surveillance du gouvernement continuera-t-elle de s'exercer après le remboursement de sa commandite par les travailleurs ?*

A cette question on pourrait répondre, de prime abord, que les travailleurs, parvenus ainsi à la position la plus élevée qui leur soit possible d'atteindre, celle d'hommes exploitant eux-mêmes, par et pour eux-mêmes, leur industrie avec leurs propres capitaux, ils doivent être laissés librement à la conduite de leur unique direction. Tel n'est pas notre avis ; car si le gouvernement ne les surveille et même cesse de les diriger, il serait à craindre que ces établissements ne tombassent, soit par ambition, soit par esprit de concurrence, soit par mauvaise administration, soit même par excès de production intempestive, dans toutes les fautes que l'on reproche aujourd'hui à l'industrie privée; c'est pourquoi il est nécessaire que le gouvernement soit investi par la puissance législative du droit de surveillance perpétuelle.

5° *Les comptoirs nationaux d'escomptes, institués par décret du 7 mars 1848, sont-ils aptes à faire le service de banques pour les opérations des ateliers sociaux?*

Oui, si les conseils d'administration sont composés des éléments suivants :

Un quart des membres nommés par des capitalistes privés, représentant l'intérêt du capital ;

Un quart des membres nommés parmi les fonctionnaires administratifs représentant l'intérêt du trésor public ;

Un quart nommé parmi les fonctionnaires municipaux représentant l'intérêt du commerce et des populations agglomérées dans les localités où sont situés les établissements sociaux.

Un quart des membres nommés parmi les directeurs d'ateliers sociaux des localités dans lesquelles les comptoirs nationaux doivent opérer.

II.

Posera-t-on en principe que le travailleur sera élevé à la position d'associé-commanditaire par ses propres épargnes?

1° *Quelle sera la valeur de la retenue à exercer sur la main-d'œuvre pour atteindre ce but?*

2° *Fixera-t-on un chiffre égal pour tous de la mise sociale, qui ne pourra être franchi par aucun?*

A cette proposition, j'attends que l'on me demande si je ne rêve pas? Eh quoi! me dit-on, comment voulez-vous que de pauvres ouvriers qui n'ont qu'une journée modique, dont un grand nombre sont chargés de famille, puissent réaliser une épargne quelconque? Une grande partie a à peine le nécessaire ! Il est des industries dont les prix de main-d'œuvre sont descendus à une telle dépréciation, que déjà depuis longtemps, et aujourd'hui encore dans l'état actuel, la bienfaisance publique est obligée d'intervenir et d'apporter des secours même à ceux qui travaillent, J'admets cela, ces faits ne sont malheureusement que trop vrais; mais s'en suit-il de là qu'il n'y ait rien à faire, rien à tenter pour relever le moral et le courage abattus de tous ceux qui sont plongés dans cette affreuse misère ! Dans cette terrible position d'être attaché à une industrie dont la valeur de travail ne peut plus les nourrir ! Ne faut-il pas, au contraire, tenter promptement les plus énergiques réformes pour que, tout en conservant au pays le travail national qui fait sa force, les conditions ainsi avilies de la rémunération du travail soient profondément modifiées.

Mais, à côté de ces industries infortunées pour les travailleurs, il est d'autres professions, d'autres industries placées dans des conditions moins fâcheuses. Sans en faire ici la nomenclature, les ouvriers apprécient bien eux-mêmes ces différences; eh! bien, ces travailleurs de ces industries pour ainsi dire privilégiées, comparativement aux autres, n'ont-ils pas, dans la circonstance présente, de graves devoirs à remplir; au moment où la société tout entière, ébranlée à sa base par l'agitation des questions les plus élevées de l'ordre politique et social, au moment où, nouvel hercule, le peuple entier tente, par l'organe de son gouvernement et par les principes qu'il exige de ses représentants, au moment, dis-je, où le peuple entier tente la destruction de toutes les iniquités des régimes précédents, il appartient aux ouvriers des professions diverses d'apporter, eux aussi, leur pierre à la réédification de l'édifice nouveau. Qu'ils le sachent bien tous, la plus belle, la plus digne, la plus durable réforme doit venir d'eux-mêmes! Pour ceux-là qui ont le sentiment de leur propre dignité, pour ceux-là qui ont gémi longtemps de l'abaissement de leur condition, pour ceux-là qui portent au cœur le sentiment d'une noble fierté, et pour qui le brûlant besoin d'indépendance sociale que toute âme élevée porte en elle est une nécessité, il n'y a pas d'autre route pour eux comme pour tous, d'autre voie de salut que l'association par eux-mêmes et avec leurs propres capitaux, sous la surveillance du gouvernement populaire que la France s'est donné, et avec son aide pour les premiers débuts.

C'est pourquoi nous pensons que, pour arriver à l'organisation du travail pour l'amélioration du sort du travailleur, il faut que le gouvernement républicain puisse, avec le concours de la puissance législative, affecter chaque année une somme d'au moins cinquante millions à la création successive d'ateliers sociaux dans les diverses industries du pays.

1° *Quelle sera la valeur des retenues à exercer sur la main-d'œuvre pour atteindre ce but?*

Le chiffre de la retenue doit nécessairement varier suivant la valeur du gain journalier de chaque profession, et eu égard au temps de chômage annuel inhérent à chaque profession; ainsi l'ouvrier, par exemple, qui gagne 4 fr. 50 c. par jour, devra réaliser une épargne journalière de un tiers plus élevé que celle de l'ouvrier qui ne gagne que 3 fr. Ainsi, je suppose, si l'épargne était fixée législativement au sixième de la valeur de journée, l'ouvrier gagnant 4 fr. 50 c. épargnerait 75 c. par jour, l'ouvrier gagnant 3 fr. épargnerait 50 c.

2° Fera-t-on pour tous un chiffre égal de la mise sociale, qui ne pourra être franchi par aucun travailleur?

Dans l'ordre de choses qui vient de finir, cette question eût paru singulière à bien du monde. Quoi donc, nous eût-on dit, vous refuserez les capitaux du très-petit nombre d'ouvriers qui seraient assez heureux pour posséder quelque monnaie? Vous demandez au travailleur qui n'a rien de se mettre à l'œuvre et de faire des économies? Pourquoi ne fortifiez-vous pas de suite vos ateliers sociaux de tous les fonds dont quelques travailleurs pourraient disposer? N'est-ce pas la plus forte mise possible de capitaux qui attachera l'ouvrier aux associations? Heureux ceux qui sauraient les réunir.

A cela nous répondons que le principe d'égalité est trop fortement enraciné dans les esprits, et surtout parmi les ouvriers de toutes professions, pour croire qu'il serait possible de faire prévaloir la pensée de la différence de mise sociale entre les travailleurs des mêmes ateliers sociaux; il y a cela de remarquable que les populations ont, dans des circonstances données et sur des points culminants, le sentiment profond du vrai et du juste. Jaloux de l'égalité poussée dans ses limites les plus extrèmes, les travailleurs repousseront toujours toute pensée qui tenterait à produire des aristocraties quelconques dans leur sein, ils accepteront momentanément des chefs actuels d'industrie, avec une plus forte mise sociale et des avantages spéciaux stipulés pour ceux-ci, plutôt que de déroger entre eux aux principes d'égalité. C'est ensemble et par masse compacte qu'ils veulent sortir de la misère et s'élever à une condition sociale indépendante. Ils savent que de tout temps c'est de leur sein que sont sorties les aristocraties, soit politiques, soit militaires, soit civiles ou bourgeoises, c'est pourquoi ils préfèrent être plus de temps à développer leurs ateliers sociaux, et conserver l'égalité la plus parfaite, plutôt que de voir se reproduire les déceptions dont ils sont victimes depuis si longtemps.

III.

Des Salaires et des Bénéfices.

1° Le travail doit-il être exécuté à la tâche ou à la journée?

Ici, encore, que de prétentions en apparence contradictoires et qui cependant paraissent fondées! D'une part, le travail exécuté à la journée ne se représente-t-il pas comme un reste des formes de la servitude? Que d'exigences, que de dureté, que de grossièreté parfois de la part de certains entrepreneurs d'ateliers, que de mortifications à dévorer par les travailleurs dont l'âme est délicate, sensible et fière? Il y a certes plus d'indépendance pour l'ouvrier dont le travail est exécuté à la tâche, la surveillance ne doit plus réellement s'exercer que sur la qualité des produits qu'il confectionne, sa dignité d'homme est ménagée, son libre arbitre est à lui; aussi, nous n'hésitons pas à le déclarer, le mode de travail aux pièces ou à la tâche est celui qui nous paraît le préférable, il a d'ailleurs l'immense avantage d'exiger moins de surveillance immédiate de la part des directeurs et contre-maîtres, et, en outre, de déterminer d'une manière précise les prix de revient; aussi, suivant nous, dans toutes les industries où ce mode pourra être appliqué, il devra avoir la préférence sur le mode de travail à la journée.

2° Doit-on fixer un minimum de salaire, et ce minimum doit-il être fixé par l'autorité publique des localités ou par la puissance législative ?

Cette question de fixation de minimum des salaires est de toute justice, soit que l'entreprise industrielle fonctionne pour les ateliers sociaux soit qu'elle fonctionne encore pour des particuliers. Il faut que l'existence du travailleur, même le plus infime, soit assurée; c'est en vain que la spéculation se récrierait, il faut désormais qu'elle cherche d'autres moyens de manufacturer économiquement, que les économies de fabrication portent sur d'autres agents de production et que la vie de l'ouvrier soit assurée. Comme l'économie de la dépense en famille varie suivant les localités, les maires des communes réunis au chef-lieu de canton, prenant pour base les nécessités de la vie, détermineraient la valeur du minimum de journée dans leurs circonscriptions cantonales. Ces états, par le ministère des sous-préfets, seraient adressés au préfet qui statuerait en conseil de préfecture, lequel adopterait ou modifierait les décisions cantonales; ce minimum ainsi fixé n'aurait force de loi qu'après avoir été adopté chaque année par les assemblées nationales.

3° Les bénéfices seront-ils répartis par sommes égales entre tous les travailleurs, ou bien peut-être, plus équitables encore, se seront ils répartis proportionnellement au temps du travail employé par chaque ouvrier, quelle que soit d'ailleurs la quantité de travail qu'il ait fourni soit à la journée, soit à la tâche ?

C'est sur cette proposition que nous appelons sérieusement l'attention du lecteur, car de l'appréciation saine de cette question dépend la réussite de la réforme sociale que nous tentons. Qu'après avoir fixé les salaires et l'intérêt du capital industriel et de roulement, les bénéfices nets appartiennent à la masse des travailleurs en principe par sommes égales, cela est de toute justice en apparence; mais voici notre proposition : Seront-ils répartis entre chacun par sommes égales? Pourquoi non, nous répondra-t-on d'abord? Cependant, observons : nous voulons que nos ouvriers soient des travailleurs libres; leurs habitudes, leurs mœurs, les sentiments d'une indépendance bien ou mal définie encore, ne se ploieraient pas, nous en sommes certains, à un régime claustral industriel ; ce que notre ouvrier des villes comme des campagnes chérit par dessus tout, c'est la liberté, c'est son impatience du joug. Il faut donc qu'il soit libre de s'absenter de temps en temps des ateliers à sa convenance, il faut que ce soit le sentiment seul de ses devoirs qui l'y maintienne et non le lien d'une règle inflexible. Pour répondre à ce besoin, si profondément enraciné dans l'esprit des masses, il faut que les bénéfices nets soient répartis entre tous les travailleurs des ateliers sociaux, suivant le nombre de journées de travail employées aux ateliers pendant l'exercice d'un inventaire à l'autre, quelles que soient d'ailleurs leurs capacités de production.

Nous repoussons complètement le mode de répartition des bénéfices basés sur la proportion du capital travail, représenté par le chiffre des salaires, parce que ce système de répartition tend à produire et à maintenir perpétuellement des inégalités de fortune entre les travailleurs.

4° *Lorsque la commandite des travailleurs sera formée, chacun touchera-t-il intégralement chaque année son dividende de bénéfice, ou sera-t-il exercé une réserve sur ces mêmes bénéfices, et quel sera l'emploi de cette réserve.*

Les limites étroites que nous nous sommes imposées dans cet écrit ne nous pemettent pas d'aborder tous les projets de retraite pour l'amélioration de l'avenir de l'ouvrier âgé, invalide ou infirme. Une foule d'institutions existent et d'autres sont en projet ; le gouvernement républicain, nous n'en doutons pas, accomplira sa tâche, sur ce point comme sur tout autre, avec intelligence, dévoûment et justice, soit en constituant sur la part des bénéfices qui sera affectée à cet usage un chiffre de pension, soit par l'admission des travailleurs dans une maison de retraite spéciale.

Nous pensons donc que, lorsque le travailleur aura fourni sa commandite, tant par la réserve journalière que par la masse des bénéfices accumulés, le tiers des bénéfices devrait être remis après chaque inventaire au travailleur ; un tiers serait mis en retenue pour couvrir les pertes et aider au temps des chômages ; un tiers affecté à la création d'institutions de retraite.

IV.

1° Les industries connexes doivent-elles être exécutées séparément d'intérêts ou en commun ?

Une foule de produits de l'industrie exigent le concours de plusieurs professions différentes qui, à l'exception des grandes usines, s'exercent par des entrepreneurs isolés, agissant seuls pour leur propre compte et occupant eux-mêmes un assez grand nombre d'ouvriers, parce qu'ils travaillent en même temps pour plusieurs fabricants ou chefs d'usines de même production.

Si l'on entreprenait de réunir immédiatement dans un seul centre de production toutes ces professions éparses et aujourd'hui séparées d'intérêt, on rencontrerait une foule d'obstacles très-difficiles, pour ne pas dire impossibles à surmonter. Nous ne nous arrêterons pas à démontrer cette opinion, elle doit être appréciée par tous.

Nous pensons donc que chaque profession doit continuer pour longtemps encore à produire séparément d'intérêt d'avec les autres professions connexes, en appliquant dans son sein les règles de salaire et de répartition de bénéfices tracées précédemment, mais, cependant, qu'elle doit entrer en rapport de bénéfices avec les grands établissements sociaux, soit de l'industrie, soit du négoce, pour lesquels elle fonctionne, et qu'elle a droit à ce bénéfice pour la valeur de la fourniture qu'elle fait à ce grand établissement; que cette fourniture doit être considérée comme une commandite qu'elle fournit elle-même, soit aux grandes usines qui ont besoin de son concours pour fonctionner, soit aux négociants qui, en justice et équité, ne sont que les entrepositaires des produits du travail des artisans.

V.

La vente des produits sera-t-elle effectuée par des mandataires spéciaux faisant partie de l'association de l'industrie qu'ils représentent, ou la vente sera-t-elle effectuée concurremment avec le commerce actuel ?

Poser cette question, c'est la résoudre; il serait à désirer, sans aucun doute, que la vente des produits fût effectuée uniquement par des mandataires spéciaux des ateliers sociaux. Mais ce mode de vente ne peut pas encore être appliqué aujourd'hui dans toute la rigueur absolue de la première partie de la proposition que nous soumettons ici. Il faut maintenant, dans l'état actuel des relations du commerce, qu'ils fonctionnent simultanément avec les négociants et commerçants actuels; il faut même plus, il faut que les mandataires spéciaux des ateliers sociaux, en même temps qu'ils seront dépositaires et courtiers des produits des associations des travailleurs, soient aussi dépositaires et courtiers des produits des ateliers et fabriques actuellement existants non encore socialisés; qu'ils remplissent, en un mot, pour toute la fabrication du pays, la même fonction qu'accomplit aujourd'hui le commerce en général ; plus tard, lorsque, par le moyen de l'exécution des diverses propositions développées dans cet écrit, et par d'autres encore qui peuvent être appliquées dans ce but, la fabrication et le négoce seront socialisés au profit des travailleurs, les mandataires spéciaux seront conduits peu à peu à ne plus représenter que les intérêts commerciaux des ateliers sociaux.

VI.

Quelles sont les mesures à prendre pour encourager les chefs actuels d'industrie à associer leurs intérêts avec ceux des travailleurs occupés dans leurs ateliers ?

Adoptera-t-on dans toute sa rigueur les règles qui sont développées précédemment sur la rémunération du capital, et celles des directeurs d'ateliers sociaux, ou bien laissera-t-on les chefs actuels d'industrie libres de régler isolément avec les ouvriers les conditions d'associations ?

Il est certain que, dans la situation vicieuse où se trouve actuellement l'état des rapports entre les chefs d'industrie et les ouvriers, il semblerait au premier examen que les conditions d'associations n'ont besoin, pour être équitables, que du libre débat et de l'adhésion des parties contractantes, et pour cela on ne manquera pas d'exalter la libéralité des chefs d'industrie qui consentent à partager leurs bénéfices avec les ouvriers ; et à l'aide de discours plus ou moins flatteurs, la bourgeoisie se constituera de nouveau sous le masque hypocrite de la générosité. C'est par ces motifs et beaucoup d'autres que l'étroit espace que nous nous sommes imposé dans ce rapide exposé nous prive de développer dans ce moment, que nous insistons au contraire avec la plus profonde énergie de conviction, pour que le gouvernement soit toujours investi du droit d'approbation et de refus, et qu'il continue aussi bien d'être le régulateur suprême et l'appréciateur des conditions de l'association des maîtres et ouvriers, comme il le sera des ateliers sociaux qu'il aura commandités.

Ce point admis, attendu que les associations des maîtres et ouvriers ne peuvent être que temporaires, je ne m'oppose en aucune manière pour encourager dans ce moment le développement de ces institutions, et afin de ne rien brusquer pour la régénération du sort des travailleurs à ce qu'il ne fut un peu dévié à la rigueur des principes formulés précédemment sur la rémunération du capital et du traitement des directeurs ; mais en plaçant toujours ces établissements sous la surveillance du gouvernement ; en outre, il n'y aurait pas d'obstacles, de même que les ateliers sociaux proprement dits, à ce qu'ils fussent mis en rapport avec les comptoirs nationaux d'escompte pour les opérations d'affaires, ainsi qu'avec les mandataires ou courtiers spéciaux des ateliers sociaux.

VII.

Y a-t-il lieu à déterminer des conditions nouvelles pour l'instruction professionnelle des jeunes élèves ou apprentis des divers métiers et industries? Quelles devront être les bases de ces conditions? Devra-t-on, par l'apprentissage, les conduire à l'état d'associés?

Sans nous arrêter à tout ce qui peut être dit sur la nécessité de l'éducation morale du peuple, point sur lequel nous sommes parfaitement d'accord avec tous, et pour nous renfermer uniquement dans la question de l'instruction professionnelle des apprentis telle qu'elle est formulée ici, nous dirons que, pour que la réforme que nous sollicitons atteigne son apogée, il faut que l'apprentissage soit basé sur les conditions suivantes :

1o Il faut que les contrats d'apprentissage formulent des conditions de durée, de paiement journalier progressif, et de retenues hebdomadaires ou mensuelles, telles que l'élève soit mis en mesure de devenir commanditaire dans un des ateliers sociaux à l'expiration de son temps d'apprentissage.

2o Il faut que l'éducation professionnelle soit donnée sérieusement et complètement, afin de former de bons ouvriers doublement habiles, et pour la quantité des travaux et pour la qualité.

3o Il faut que l'éducation morale et l'instruction élémentaire soient données aux apprentis, en obligeant tous les chefs d'industrie, soit d'ateliers sociaux, soit d'autres, à conduire leurs élèves aux écoles communales d'adultes.

Par l'application immédiate de ces règles dans toute industrie, soit privée, soit socialisée, qui ne doivent rencontrer aucun obstacle parce qu'elles ne froissent aucun intérêt existant, la nouvelle génération de travailleurs, plus heureuse que la nôtre qui a eu tant à souffrir et à lutter, arrivera en peu d'années, sans prévention pour un passé qu'elle n'aura pas connu, à un bien-être pour lequel nous luttons depuis si longtemps; heureuse dans l'avenir, elle bénira la réforme sociale que nous accomplissons aujourd'hui.

Pour nous résumer, nous dirons que, pour que les réformes que nous tentons aujourd'hui pour rétablir l'égalité entre tous les citoyens par la dignité, la moralité et le bien-être de tous, atteignent le but, il faut faire cesser l'état de dépendance dans lequel sont placés le plus grand nombre de citoyens envers quelques autres ; et l'infériorité du plus grand nombre ne peut cesser que lorsque leur position de fortune sera améliorée. Pour arriver à cette amélioration désirée, il faut faire disparaître les bases iniques de la répartition actuelle des produits du travail, afin que les fruits du travail futur viennent rémunérer le travailleur réel et tombent dans les mains du véritable producteur. Mais, comme ce changement introduira momentanément non pas la destruction de positions acquises, puisque le principe de propriété est non-seulement respecté, mais fortifié encore en faisant arriver le plus grand nombre à la possession, mais amènera par la force des choses des changements de position, il est nécessaire qu'un pouvoir généreux, équitable et fort, étranger à toute considération d'intérêt privé, puisse venir poser les bases de cette transformation, le gouvernement seul, aidé du pouvoir législatif, a cette puissance. C'est pourquoi nous demandons que ce soit lui qui fournisse les premières commandites qui lui seront remboursées ultérieurement par les travailleurs ; le concours de capitaux étrangers aux siens et à ceux des travailleurs ne doivent être agréés qu'avec réserve, et que, comme moyen transitoire, pour rendre la secousse moins violente pour les intérêts acquis.

Si au contraire on appelait au début des capitaux autres que ceux des travailleurs et de l'état, les capitaux parasites viendraient encore une fois dépouiller le peuple de la juste rémunération due au travail de l'artisan ; les fruits de la révolution politique et sociale que nous accomplissons serait perdus, les conditions d'équité et de justice que les travailleurs veulent adopter entre eux, ne pourraient point être appliquées.

Mais il n'en sera point ainsi : le peuple qui sait souffrir avec résignation attendra en silence la solution de ce grand problème, il y concourra de tous ses efforts, parce qu'il a confiance en ceux entre les mains desquels il a remis le gouvernail.

PARIS. — Imprimerie de BEAULÉ et MAIGNAND, 8, rue Jacques de Brosse.